Bienvenida

AF221011

¡En marcha, grumete!

Sí. Te he llamado "grumete". ¿Sabes por qué? Porque has aceptado la invitación a unirte a mi tripulación. Nuestra misión es clara: buscar y encontrar el tesoro más grande que se nos ha regalado: Jesús de Nazaret.

En esta travesía no navegamos solos. Estamos acompañados por vuestros catequistas, vuestras familias y la comunidad cristiana. Y, por si fuera poco, tenéis al mejor capitán de barco, me tenéis a mí.

Grumete, en este viaje tenemos todos que seguir una dinámica de trabajo. Yo la llamo WASTING. Esta es una palabra en inglés que significa "desgaste". Sí, vamos a desgastarnos cada día. Nuestra vida como cristianos implica desgastarse por los demás, entregar nuestra vida. Si te fijas bien, las cuatro primeras letras de "wasting" nos indican cómo va a ser este desgaste:

To walk (W): En primer lugar, comenzamos poniéndonos en marcha explorando nuestra propia vida. De esta manera, nos damos cuenta de que todo lo que vamos a descubrir tiene que ver con nosotros, con nuestros intereses y preguntas, en definitiva, con nuestra felicidad.

To ask (A): Esta fase es muy importante pues tenemos que prestar atención a preguntas sobre nosotros mismos, y sobre la vida, que nos ayudan a profundizar en nuestros anhelos, inquietudes... De esta manera, nos conocemos mejor.

To stay (S): En este momento es cuando vamos dando alcance al objetivo de nuestra travesía: reconocemos a Jesús presente entre nosotros, alentándonos, enseñándonos, animándonos a vivir como auténticos discípulos suyos.

To tell (T): Una vez que hemos encontrado nuestro tesoro, a Jesús, no nos lo podemos guardar para nosotros. No somos piratas egoístas, sino que deseamos contar y ofrecer a todos el gran tesoro que hemos descubierto: Jesús de Nazaret.

Como puedes observar, a estas cuatro letras (WAST) añadimos **ING**. Seguramente sabes que, cuando en inglés usamos la terminación "ing", estamos indicando que la acción no acaba, que es continua, que siempre está en movimiento. Nunca podemos quedarnos parados.

No tengáis miedo. Es una travesía emocionante. Yo soy un gran capitán, experimentado en acompañar a muchos grumetes como tú en esta fascinante travesía. Para que me notes siempre cerca de ti, en esta carpeta tienes un cartón con mi figura. Ármalo y tenlo siempre contigo. Así estaré siempre cerca de ti.

¡Ah, olvidaba lo más importante! No temas fracasar en esta misión porque —y esto que quede entre nosotros— la misión no consiste en encontrar nosotros a Jesús, porque él nos ha encontrado primero. Déjate amar y guiar por Jesús.

FIRMADO

Peter wasting

Oración

- Rezamos juntos la oración "**El reloj de Dios**".

Señor, quiero estar un ratito contigo.
Ya ves, he mirado el reloj.
No me lo tomes a mal.
Tú creaste el tiempo,
y te fijaste un tiempo para crear,
un tiempo para nacer,
un tiempo para morir.

Nunca fijaste un tiempo
para amar porque el tiempo
lo creaste para eso, para amar.

El reloj es el invento más bonito,
el que más podría ayudar
al ser humano.
¡Qué bueno sería convertir
el "segundo" en la medida universal
del amor!
Cada segundo, un acto de amor.
¿Qué te parece, Señor?
Sería precioso, ¿verdad?

Sí, ya lo sé, eso también
lo inventaste tú:
cada segundo es un latido
de tu amor.
En mí, por desgracia, no es así,
y, a fuerza de tenerte
a mi alcance,
te olvido como al mismo reloj.

Pero sabes también
que ese mirarte de vez
en cuando basta para
orientarme y seguir.
Me apena constatar
que no están sincronizados
mi reloj y mi corazón,
y que falla más este que aquel.

Quiero, Señor, que seas para mí
al menos como un reloj,
al que tanto miro y tanto cuido,
el que me orienta y despierta,
tan mío ya como la piel.

Pongamos, Señor, ahora mismo
nuestros relojes en hora.
Mi futuro está asegurado,
si tú te adelantas, detrás voy yo;
si el mío adelanta, detrás vas tú.

Señor, ya no te digo ni "adiós"
ni "hasta luego",
porque estás en mi reloj,
que desde hoy forma
más que nunca parte de mi yo,
y desde hoy más que nunca
parte de ti, mi Dios.

Celebración

- Escuchamos juntos la Palabra de Dios.

Lectura del evangelio según san Juan   Jn 1,38b-39a
–Rabí (que significa Maestro), ¿dónde vives?   Él les dijo: –Venid y veréis.
Atrévete a conocerme... escucha mi Palabra

- Cantamos juntos **"Maestro, te seguiré"**.
- Jesús tiene todo lo que buscamos en un gran pirata...

Alegría

Espíritu aventurero

Responsabilidad

Compañerismo

 ## Compromiso

Al firmar el pergamino nos comprometemos a seguir conociendo a Jesús formando parte del grupo Wasting.

2 El cuaderno de bitácora

 To walk

● ¿Qué relación tienen estos objetos con la Palabra de Dios? Escríbela debajo de cada uno.

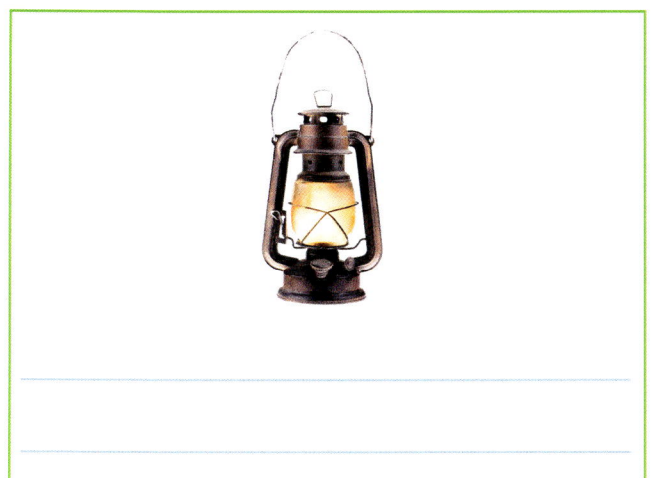

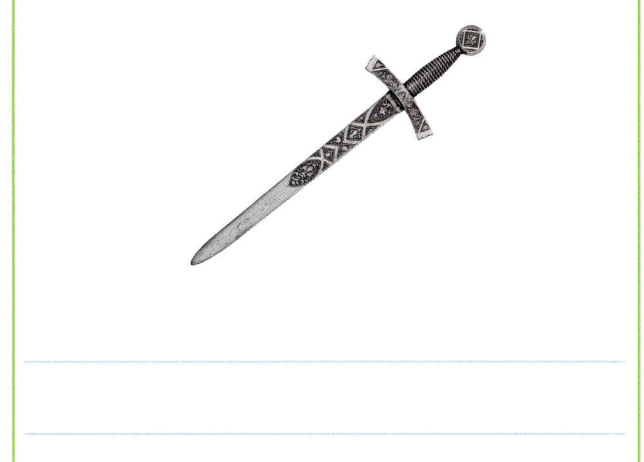

To ask

- Escuchamos juntos la Palabra de Dios.

Lectura del evangelio según san Mateo   **Mt 13,8**

Otra parte cayó en tierra buena y dio fruto: una, ciento; otra, sesenta; otra, treinta.

Da fruto... escucha mi Palabra

To stay

- Cantamos la canción **"Tu Palabra me da vida"**.

- ¿Qué norma crees que es necesaria para la buena marcha del grupo? Escríbela dentro del pergamino con letra de pirata.

To tell

Nos comprometemos a traer un cojín de casa para la próxima sesión Wasting que nos ayudará a escuchar la Palabra de Dios, de forma cómoda y atenta.

 3

¿Dispuestos a zarpar?

To ask

- Escuchamos juntos la Palabra de Dios.

Lectura del evangelio según san Lucas Lc 18,22

Todavía te falta una cosa:
vende todo cuanto tienes y distribúyelo a los pobres
–y tendrás un tesoro en los cielos–;
luego, ven y sígueme.

Vende todo... escucha mi Palabra

- Reflexionamos juntos en torno a estas preguntas:

  → ¿Qué sucede en el texto que acabamos de escuchar?

  → ¿Por qué aquel hombre decidió no seguir a Jesús?

  → ¿Cuáles son las riquezas que nosotros tenemos y a las que Jesús se refiere?

 ## To stay

- Cantamos juntos la canción **"Quiero decir que sí"**.

- Es hora de darle tu respuesta a la invitación que te ha hecho Jesús en el billete de barco. ¿Estás dispuesto a zarpar? Escribe tu compromiso.

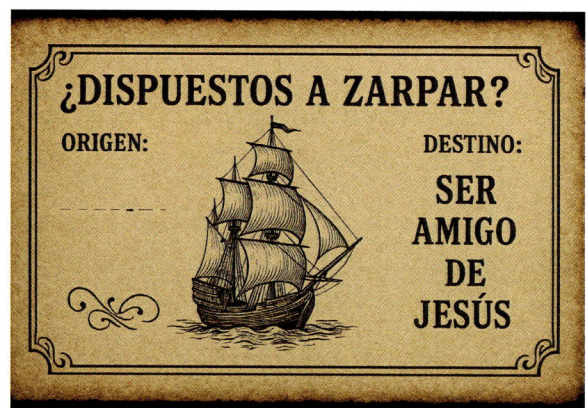

¿DISPUESTOS A ZARPAR?

ORIGEN:

DESTINO:

SER AMIGO DE JESÚS

 ## To tell

Nos comprometemos a traer algún objeto pequeño que nos identifique y que queremos que nos acompañe durante nuestra aventura Wasting.

Oración

- Leemos detenidamente la parábola de los talentos.

Lectura del evangelio según san Mateo   Mt 25,14-30

"Un hombre, al irse de viaje, llamó a sus criados y los dejó al cargo de sus bienes: a uno le dejó cinco talentos, a otro dos, a otro uno, a cada cual según su capacidad; luego se marchó. El que recibió cinco talentos fue enseguida a negociar con ellos y ganó otros cinco. El que recibió dos hizo lo mismo y ganó otros dos. En cambio, el que recibió uno fue a hacer un hoyo en la tierra y escondió el dinero de su señor. Al cabo de mucho tiempo viene el señor de aquellos criados y se pone a ajustar las cuentas con ellos. Se acercó el que había recibido cinco talentos y le presentó otros cinco, diciendo: «Señor, cinco talentos me dejaste; mira, he ganado otros cinco». Su señor le dijo: «Bien, criado bueno y fiel; como has sido fiel en lo poco, te daré un cargo importante; entra en el gozo de tu señor». Se acercó luego el que había recibido dos talentos y dijo: «Señor, dos talentos me dejaste; mira, he ganado otros dos». Su señor le dijo: «¡Bien, criado bueno y fiel!; como has sido fiel en lo poco, te daré un cargo importante; entra en el gozo de tu señor». Se acercó también el que había recibido un talento y dijo: «Señor, sabía que eres exigente, que siegas donde no siembras y recoges donde no esparces, tuve miedo y fui a esconder tu talento bajo tierra. Aquí tienes lo tuyo». El señor le respondió: «Eres un criado negligente y holgazán. ¿Con que sabías que siego donde no siembro y recojo donde no esparzo? Pues debías haber puesto mi dinero en el banco, para que, al volver yo, pudiera recoger lo mío con los intereses. Quitadle el talento y dádselo al que tiene diez. Porque al que tiene se le dará y le sobrará, pero al que no tiene, se le quitará hasta lo que tiene. Y a ese criado inútil echadlo fuera, a las tinieblas; allí será el llanto y el rechinar de dientes»".

Trabaja tus talentos... escucha mi Palabra

Nuestro árbol de los talentos

- Escribe dentro de esta hoja de árbol tu talento más valioso y con el que crees que puedes construir mejor el reino de Dios.

Reflexión personal

- Seguro que has vivido una experiencia fantástica durante esta sesión tan especial. Ya en casa, siéntate en un lugar a solas y escribe una reflexión sobre lo que te llevas de esta jornada en la que has tomado conciencia de cuántos talentos te ha regalado el Señor.

 ## To ask

- Observamos detenidamente estos objetos y sus cualidades.

Brújula
Decisión para navegar por una travesía correcta

Catalejo
Ilusión de llegar al destino marcado

Timón
Compromiso en corregir y fijar el rumbo

Espada
Disciplina en la lucha contra las tentaciones

- Escribe una frase que resuma lo que has aprendido en las páginas 170-171 del catecismo *Testigos del Señor*.

_____

_____

• Escuchamos juntos la Palabra de Dios.

Lectura de la segunda carta de san Pablo a Timoteo 2 Tim 4,7

He combatido el noble combate, he acabado la carrera, he conservado la fe.

Cuida tu fe... escucha mi Palabra

To stay

• Vemos el vídeo de la canción **"Camino a Jesús"**.

• ¿Con qué actitud nos cuesta perseverar más? Rodéala y escribe debajo una manera de trabajarla en tu día a día.

Decisión **Ilusión** **Disciplina** **Compromiso**

To tell

Nos comprometemos a cuidar la semilla que hemos plantado mientras recordamos
que debemos de cuidar la fe que se nos ha regalado como una planta que crece.
La traemos en la próxima sesión Wasting para colocarla en un lugar privilegiado de la sala.

To ask

- ¿Qué aspectos consideras más importantes para trabajar en equipo y para el reparto de responsabilidades? Escribe dos al menos y explica el motivo por el que los has escogido.

- Escuchamos juntos la Palabra de Dios.

Lectura de la primera carta de san Pablo a los corintios   1 Cor 4,13

Pues todos nosotros, judíos y griegos, esclavos y libres, hemos sido bautizados en un mismo Espíritu, para formar un solo cuerpo. Y todos hemos bebido de un solo Espíritu.

somos un solo cuerpo... escucha mi Palabra

 ## To stay

- Cantamos la canción **"Iglesia peregrina"**.
- Escribe debajo de Peter Wasting una cualidad tuya que puedes aportar al grupo para su buena travesía.

 ## To tell

Nos comprometemos a traer para la próxima sesión el título de una canción
que nos guste y hable sobre lo que hemos trabajado en esta sesión.
Entre todos elegiremos la canción de referencia para este año de nuestro grupo Wasting.

Testimonios... Otros navegantes

Cuentacuentos

- Sabemos que tienes un arte oculto: ¡escribir cuentos de piratas! Anímate a crear uno en el que la importancia del trabajo en equipo y la alegría del triunfo compartido sean la moraleja.

¿Sabías que...

- ...las parábolas de Jesús se pueden considerar como cuentos, pero no en el sentido de fábulas, sino que son breves relatos que utilizan situaciones cotidianas y personajes familiares para ilustrar verdades espirituales y morales? De esta manera, Jesús acercaba a los más humildes los mensajes más importantes del reino, a través de comparaciones, de forma accesible y didáctica.

- ¿Serías capaz de reconocer cuál es esta parábola de Jesús solo por los dibujos? Inténtalo y escribe debajo cuál es.

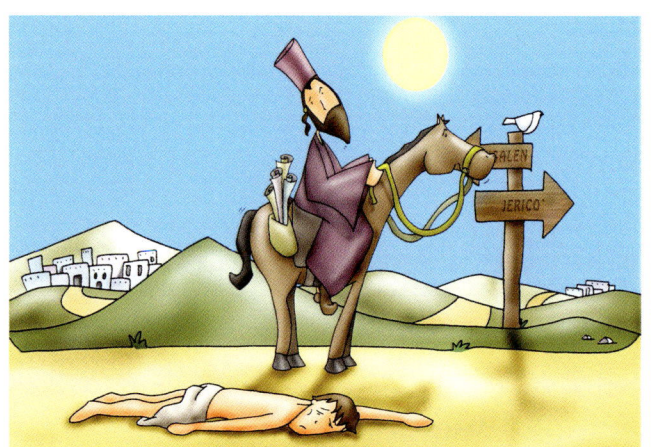 

 # Compromiso

Nos comprometemos a vivir los valores que nos ha transmitido el cuento escuchado en nuestro grupo Wasting.

To ask

● Releemos tranquilamente el siguiente relato.

Existió un maestro de sabiduría bueno y comprensivo con sus gentes. De sus labios brotaron las más sabias enseñanzas que jamás había escuchado aquel pueblo. Desde los habitantes de la montaña hasta los del valle, siguieron muchos años sus consejos. Desde los más altos gobernantes hasta los campesinos sencillos y humildes buscaron en su doctrina y ejemplos la felicidad. Y no es que el maestro se basara en grandes libros para aconsejar. Él simplemente observaba y aprendía a sacar enseñanza de cada cosa. Él decía: "Las grandes cosas hallan respuesta en las cosas sencillas".

La naturaleza siempre fue su gran maestra. Cierto día se le acercó al anciano una persona que dijo ser el abad de un célebre monasterio.

–¿Qué deseas? –le preguntó el maestro. El visitante, a modo de respuesta, le contó una triste historia:
–En otros tiempos su monasterio había sido famoso en todo el mundo occidental. Había armonía entre todos y se respiraba aires de felicidad. Por este motivo, se fue incrementando el número de personas que querían pertenecer a la comunidad. Como consecuencia, eran muchos, y allí no había quien se entendiera.
El abad le explicó al anciano que habían hecho estudios psicológicos, pedagógicos, sociológicos y no encontraban solución.
–Aquello es el caos. Vuestra fama de persona sabia ha llegado hasta nosotros y por eso vengo a pediros consejo.
–Tranquilizaos, veréis como tiene solución –dijo el anciano.

El maestro acompañó al abad hasta el monasterio y estuvo conviviendo con la comunidad unos días. Pasado el tiempo, llamó al abad y le dijo:

–Ya sé dónde está el problema. Tienes entre tus manos un hermoso vergel, con árboles frutales de todas clases, pero tienes que conocer bien a todas y cada una de las frutas para saberlas tratar y que den el fruto adecuado. Aquí hay personas que son como **nueces**: están protegidas por una capa exterior dura; es muy difícil llegar a ellos pero, cuando lo consigues, son agradables. Hay personas que son **cerezas**: pequeñitas, dulces, con aspecto agradable, pero siempre tienen que estar encima, y cuando las pruebas te puedes romper un diente con el hueso... Hay algunos que son **naranjas**: si las pruebas antes de temporada son agrias y desagradables, pero si les das tiempo para madurar son muy agradables, con mucho sabor, y aportan bastantes vita- minas. Hay otros que son **higos chumbos**: siempre con pinchos, siempre molestando y dejan un pincho muy difícil de quitar. Hay algunos que son espárragos: no saben a nada, pero son buenos para eliminar toxinas. Luego están los **plátanos**: siempre acce- sibles, siempre dulces, siempre buenos, pero engordan cantidad... Hay otros que son **chirimoyas**: son buenos, pero tienen cantidad de semillas que no son comestibles y que hay que ir quitando una a una. Lo que queda es muy bueno, ¡lástima que quede tan poco! Hay otros que son **peras**: el aspecto exterior es verde, da la impresión de que no han madurado, pero cuando las pruebas están en su punto. Algunos son **sandía**: con mucho sabor, mucho color y muy refrescantes. ¡Lástima que solo haya sandías en verano! Quizás haya más frutas. Seguid vosotros mis- mos estas pistas para reconocer cómo sois. También he observado cómo funcionan estas frutas (perdón, estas personas), dentro del grupo al que pertenecen. Hay grupos que son fruteros: cada uno mantiene su forma y su sabor. Son incapaces de mezclarse entre sí. Piensan que el que nace **higo**, higo tiene que morir. Son muy bonitos para adornar. Otros grupos son zumo porque son capaces de unirse a los demás, pero se mezclan de tal manera que pierden totalmente su identidad. El resultado... unas veces es agradable y otras veces, raro. Hay grupos que son **macedonia**: son capaces de unirse a los demás aportando su sabor y su color, pero sin dejar de ser ellos mismos. Los pequeños permanecen enteros, y los grandes se dividen en trozos para aportar más al conjunto. El resultado es una buena mezcla.

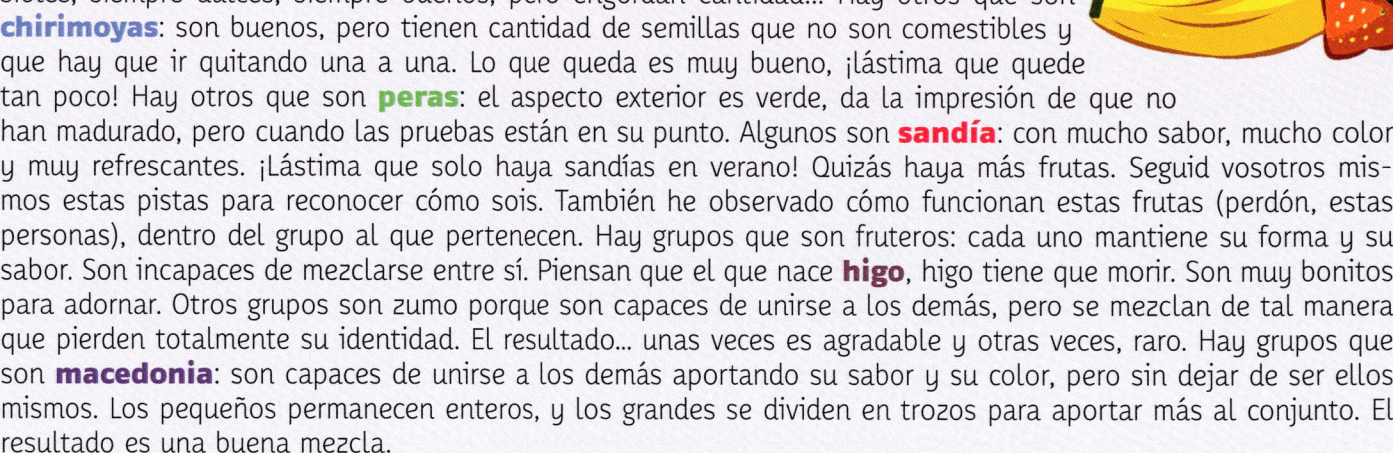

Y de esta forma tan sencilla, comprendieron dónde estaba su equivocación, y el monasterio volvió a ser lo que era....

● ¿Con qué fruta te identificas? ¿Por qué?

_____

_____

 # To tell

9 Navegar en equipo

 ## El deporte en equipo

- Los deportes en equipo no solo son una excelente forma de ejercicio físico, sino que también enseñan habilidades fundamentales para la convivencia en la sociedad, en un grupo, porque fomentan valores clave tanto en el ámbito deportivo como en la vida cotidiana. Identifica de esta lista de deportes cuáles se practican en equipo y cuáles de manera individual: fútbol, baloncesto, tenis, waterpolo, atletismo, ciclismo, golf, voleibol, judo, surf.

Deportes de equipo	
Deportes individuales	

- Busca en esta sopa de letras cinco valores o actitudes que fomenta el deporte de equipo. Después escribe cuál te comprometes a llevar a la vida en tu grupo Wasting y por qué lo consideras necesario.

A	E	N	U	N	L	G	O	L	F
D	M	E	O	T	E	P	S	E	R
E	S	I	T	I	M	A	C	S	I
L	A	N	S	I	N	C	E	F	O
R	M	G	U	T	A	R	R	U	N
U	A	L	E	C	A	T	I	E	D
R	T	A	M	S	E	D	M	R	A
A	I	C	A	F	I	T	O	Z	T
S	U	P	E	R	A	C	I	O	N
D	A	T	N	U	L	O	V	B	I

_____

_____

_____

 ## ¿Sabías que...

- ...san Juan Pablo II, además de un extraordinario pontífice, fue un deportista consumado desde su juventud? Por ello, ha sido elegido por muchos atletas y jugadores como su santo de cabecera, aquel a quien se encomiendan antes de una competencia importante.

Compromiso

Nos comprometemos a vivir los valores aprendidos en el partido deportivo
que hemos visto junto a nuestro grupo Wasting.

En busca del Tesoro

10

 ## To stay

- Cantamos juntos **"Vamos a preparar el camino del Señor"**.
- Escuchamos juntos la Palabra de Dios.

Lectura del evangelio según san Marcos   Mc 13,33-34

Estad atentos, vigilad: pues no sabéis cuándo es el momento.
Es igual que un hombre que se fue de viaje, y dejó su casa
y dio a cada uno de sus criados su tarea,
encargando al portero que velara.

Vigila, vela... escucha mi Palabra

- Escribe aquellas cosas que quieres cambiar durante esta Navidad como signo de que has "velado" y cambiado para que Jesús venga a tu corazón.

● Escribe dentro de la bola de navidad una frase que resuma tu compromiso de Adviento.

 **To tell**

 Nos comprometemos a traer, el próximo día de reunión, los elementos necesarios para realizar nuestra corona de Adviento Wasting.

11 Nuestro tesoro es Jesús

 El nacimiento de nuestro tesoro

- Aprende este villancico tradicional del tamborilero.

- Lee atentamente la Palabra de Dios.

Lectura del evangelio según san Mateo   Mt 1,21

Dará a luz un hijo y tú le pondrás por nombre Jesús, porque él salvará a su pueblo de sus pecados.

Se acerca la salvación... escucha mi Palabra

- Reflexiona y haz un pequeño diario de lo que más te ha llamado la atención y gustado en la visita a los belenes.

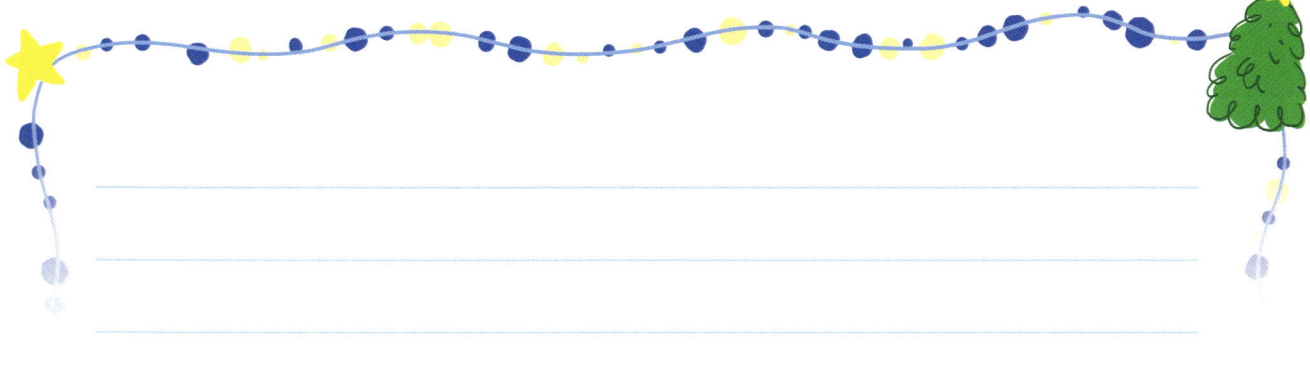

● Colorea solo a tus dos personajes preferidos del belén.

¿Sabías que...

...la tradición popular considera que san Francisco de Asís fue el "inventor de los belenes"? En 1223, en un pueblo llamado Greccio (Italia), el santo quiso reproducir lo más fielmente posible un belén y colocó una imagen del niño Jesús sobre un pesebre de paja, y alrededor, situó un asno y un buey.

 Compromiso

Nos comprometemos a hacer un belén con figuras de piratas para nuestro grupo Wasting.

La Navidad, un gran regalo

(PRIMER, SEGUNDO Y TERCER ACTO)

To walk

- Participamos de nuestro teatro navideño titulado **"Un Nacimiento especial"**.

• PRIMER ACTO

LORENA. ¡Hola! ¿Cómo estás? Me llamo Lorena y, como veis soy una muñeca.

JIMENA. Yo soy Jimena, y también soy una muñeca. Nuestra dueña se llama Mónica y tiene 8 años. La queremos mucho. Somos sus muñecas preferidas... Bueno, no solo nosotras, porque pronto verán que a Mónica le gustan mucho las muñecas.

LORENA. Se preguntarán qué hacemos aquí, ¿verdad? Pues bien, venimos a contarles una historia de Navidad. Aunque un poco extraña o, mejor dicho, un poco fantástica, o quién sabe, un poco milagrosa... Verán...

JIMENA. Unos días antes de Navidad, Mónica quiso poner su Belén. Colocó las montañas, las casitas, el río y el portal. Ella fue sacando de la caja las figuritas del portal y las fue colocando...

(De la caja van saliendo las figuras del portal que Mónica va colocando).

MÓNICA. Primero la Virgen y san José. Luego el ángel y el Niño. Después, todas las demás figuras...

LORENA. Pero, ¡qué fatalidad! Solo quedaba una pastorcilla. Es que el año pasado se le cayó la caja y se le rompieron las demás figuras.

MONICA. ¿Y qué hago ahora?

JIMENA. Mónica no sabía qué hacer. De repente, tuvo una idea genial, aunque muy extraña. Se dirigió a la caja donde guardaba todas sus muñecas, y fue colocándolas en el nacimiento.

(De la caja del lado opuesto, Mónica va sacando "muñecas").

JIMENA. Primero, las muñecas que sus padres le habían traído de todas las partes del mundo.

LORENA. Una muñequita de la China.

JIMENA. Una pequeña muñeca india.

LORENA. Una elegante muñeca egipcia.

JIMENA. Una preciosa muñequita marroquí...

LORENA. Pero también sacó de la caja tres marchosos personajes: una roquera, un reguetonero y un rapero.

JIMENA. Mónica estaba contenta con aquel original nacimiento. Lo miró con cariño y, como estaba muy cansada, se fue a la cama.

 • **SEGUNDO ACTO**

MELCHOR. ¡Qué oscuro está esto! ¿Dónde estará el portal? ¿Dónde se habrán quedado mis hermanos Gaspar y Baltasar? Seguro que se han perdido.

PAJE. No sé, majestad. Quizás es mejor que vayamos a recoger los camellos y volvamos a Oriente.

MELCHOR. ¡Ni hablar del peluquín! No hemos hecho un viaje tan largo para rendirnos ante las dificultades.

PAJE. ¡Majestad, allí! ¡Iluminado por esa gran estrella!

MELCHOR. ¡Sí, sí, ya la veo! ¡Corre, vamos deprisa! Pero, ¿qué es esto?

PAJE. Majestad, nos hemos equivocado de siglo y los que nos hemos perdido somos nosotros.

MELCHOR. ¿Puede ser que alguien me diga qué es todo esto?

LORENA. Es un nacimiento, Majestad. Pero con figuras de todos los tiempos. ¿O es que vuestra Majestad no sabe que es Navidad para todos?

PAJE. ¡Me gusta esto! ¿Quiénes son ustedes?

JIMENA. Muñecas. Somos muñecas que formamos parte del portal. ¿No les gusta la idea?

MELCHOR. Mmm... Bueno, a mí me va gustando. Es cierto que para Dios todos somos iguales...

LORENA. ¡Pero suban, suban! Estaréis muy cansados. Sentaos aquí.

PAJE. Pero, ¿no hay ni una sola figura de verdad?

JIMENA. Sí, en realidad hay una. Es una pastora. ¡Pastora, pastora! Ven aquí que su Majestad y su ayudante quieren verte.

PASTORA. ¡Aquí estoy!

LORENA. Majestad, ¿le gustaría escuchar un villancico? Es el canto típico de Navidad.

MELCHOR. Sí, sé lo que es un villancico. No soy tan carca. Vale, pero cántalo tú sola.

RAPERO. Déjeme a mí, bro. Va a ver lo que es ritmo.

PAJE. Pero esto no es un villancico de los de toda la vida.

JIMENA. Tenéis razón. ¡Pastora, ven a cantar!

MELCHOR. ¡Ay! ¡No hay nada como los villancicos de toda la vida!

REGUETONERO. De eso nada. Ahora me toca a mí. Prepárense a oír villancicos modernos.

LORENA. ¡Qué horror! Esto no es un villancico. Pastora, por favor, canta un villancico.

ROQUERA. No, no. El rock es el mejor ritmo para un villancico. ¡A bailar!

• TERCER ACTO

(La Virgen sale del portal y se acerca a la parte exterior del escenario).

VIRGEN MARÍA. Pero bueno... ¿Qué escándalo es este? Me van a despertar al niño.

MUÑECA CHINA. Tiene razón, María. Nos han despertado a todos, ¿verdad compañeras? Vengan todas para acá.

(Se acercan las muñecas del mundo).

PAJE. Perdonen. Estábamos discutiendo sobre música.

SAN JOSÉ. Pero, ¿qué pasa aquí? ¿Quiénes son todos ustedes?

MUÑECA INDIA. Somos personas de todo el mundo que hemos venido a ver al niño Jesús.

ÁNGEL. Aquí ocurren cosas muy extrañas…

MUÑECA EGIPCIA. No, ángel, no es extraño: es más natural. Aquí estamos todas las razas y todos los siglos y todas las edades.

VIRGEN MARÍA. Es cierto. Pensándolo bien, este es el nacimiento verdadero y no el que han puesto otros años.

MUÑECA MARROQUÍ. ¡Claro! Jesús nace para todos los siglos y para todas las razas y para todas las edades.

SAN JOSÉ. Muchachas, ¡esto me gusta! Deberían conseguir que en todas partes del mundo se pusieran nacimientos como este.

MUÑECA CHINA. Yo estoy muy orgullosa de poder estar aquí representando a todas las razas.

MUÑECA INDIA. ¡Y todos los colores!

MUÑECA EGIPCIA. ¡Y todas las culturas!

MUÑECA MARROQUÍ. ¡Y todas las naciones!

LORENA. Y así acabó aquella maravillosa noche. En aquel nacimiento se reunieron todas las razas, edades y gustos, porque Jesús ha nacido para todos, todos, todos: los pobres, los marginados, los pecadores, los enfermos, los excluidos, los jóvenes, las familias, los ancianos, los migrantes, los refugiados…

JIMENA. ¡Sí, es Navidad para todos! Y cada Navidad debemos hacer que este nacimiento se haga realidad en nuestras vidas.

TODOS JUNTOS. ¡Los niños y niñas de Wasting os desean a todos una feliz Navidad!

 ## To tell

Nos ponemos como compromiso para estos días llevar el espíritu de la Navidad a todos los lugares donde vayamos para que el niño Jesús nazca en muchos corazones.

 ## To walk

- Escucha la canción de Pablo López y Juanes titulada **"Tu enemigo"**. Aquí te dejamos también la letra para que puedas reflexionar más profundamente sobre ella.

Bajo la sombra gris de otra montaña
bebiendo sin permiso de otro río,
alimentando al monstruo de la rabia...
Tu enemigo.

¿Quién viene a tu país a profanarte?
¿Quién pisa la ciudad sin tu permiso?
¿Quién sacará tus cosas de la calle?
Tu enemigo.

Si estos idiotas supieran que yo soy el hombre
más rico del mundo así, viviendo de tus abrazos.
Olvidaron que el hombre no es más que un hombre,
que tus manos son mi bandera
y que tengo de frontera una canción.

No me preguntes para qué he venido.
Pregúntate mejor cómo has llegado.
Puede que seas el hijo de algún hijo...
o de un esclavo.

Ven y háblale de frente a tu enemigo:
culpable del amor, trabajo y tierra,
culpable de vivir en el camino por tu guerra.

To ask

- Escuchamos juntos la Palabra de Dios.

Lectura del evangelio según san Mateo   Mt 3,17

Y vino una voz de los cielos que decía:
—Este es mi Hijo amado, en quien me complazco.

Renuévate... *escucha mi Palabra*

To tell

Nos comprometemos a escribirle una pequeña carta a Jesús, enumerando los motivos por los que le queremos dar gracias y la traemos para compartirla con los demás en la próxima reunión Wasting.

Querido Jesús:

 ## To walk

● Lee detenidamente estas características. ¿A quién se están refiriendo?

- Su vida pública duró apenas tres años.
- No tuvo ningún título ni cargo notorio.
- No tuvo dinero, ni propiedades, ni armas, ni ejército.
- Jamás escribió un solo libro.
- Era un simple aldeano que vivió en un rincón del planeta hace más de dos milenios.
- Hoy, más de un tercio de la población mundial afirma que está vivo y que le ama.
- Es la persona en cuyo honor se han erigido más monumentos en los cinco continentes, y el ser humano más veces representado en pinturas y esculturas.
- Los sistemas legales del mundo occidental se apoyan en sus enseñanzas.
- Millones de personas han sido encarceladas, torturadas e, incluso, han perdido su vida por negarse a renegar de él.
- Contamos los años tomando como referencia el momento de su nacimiento.
- Cada año, miles de personas abandonan sus posesiones, hogares y familia para hablar de él.
- Después de más de 2000 años de su muerte, sigue cambiando el rumbo de muchas vidas.
- Nadie ha sido tan amado y tan odiado, tan adorado y tan despreciado.
- Ningún personaje histórico ha influido tanto en la Historia de la Humanidad.

¿Quién soy?

_____

 ## To stay

- Reflexionamos con la letra de la canción "**El capitán**" de Juan Luis Guerra y la relacionamos con la figura de Jesús, el hombre que hacía milagros.

Salí en mi botecito a navegar,
a recorrer las olas de la mar.
Llevaba mi varita de pescar,
mi cuerda y mi guitarra pa' tocar.

Y de pronto vino un vendaval
y con fuerzas comencé a gritar:
"Tú lo que quieres es que yo busque
a mi capitán".

Jesús está en el bote
aunque los vientos soplen.
Mi ancla y mi soporte
y el capitán del bote.
Y continúe mi viaje sin temor
con nubecitas bellas de estribor.

Y vi gaviotas bailando ballet
y un delfín haciendo un gran piruet.

Y de pronto vino un tiburón
con cara de pillo y de ladrón:
"Mira, tú lo que quieres es que
yo busque a mi capitán".

Jesús está en el bote.
No hay tiburón que azote.
El guía de mi norte
y el capitán del bote.
Y si viene el ojo de un ciclón
con más fuerza canto la canción.
Todo lo puedo en mi Cristo
que es mi capitán.

 ## To tell

Nos comprometemos a a traer en unas cartulinas pequeñas los nombres de las personas más significativas en nuestra vida para colocarlas en las nubes de nuestra isla del tesoro y así rezar por cada una de ellas durante las sesiones Wasting.

15 El buen tripulante... Discípulo

 To ask

- Escuchamos juntos la Palabra de Dios.

Lectura del libro de Hechos de los Apóstoles　　Hch 2,47

Alababan a Dios y eran bien vistos de todo el pueblo; y día tras día el Señor iba agregando a los que se iban salvando.

Sé discípulo... escucha mi Palabra

- No olvides las cuatro tareas fundamentales que la Iglesia desarrollaba y sigue desarrollando actualmente.

LA FRACCIÓN DEL PAN

LAS ENSEÑANZAS DE LOS APÓSTOLES

LA CARIDAD

LA COMUNIÓN

To stay

- Cantamos juntos la canción **"Discípulo de Cristo"**.

- Profesamos solemnemente nuestro MEGA CREDO.

Creo en Dios, Padre Todopoderoso, Creador del cielo y de la tierra. Creo en Jesucristo, su único Hijo, Nuestro Señor, que fue concebido por obra y gracia del Espíritu Santo, nació de Santa María Virgen, padeció bajo el poder de Poncio Pilato fue crucificado, muerto y sepultado, descendió a los infiernos, al tercer día resucitó de entre los muertos, subió a los cielos y está sentado a la derecha de Dios, Padre todopoderoso. Desde allí ha de venir a juzgar a vivos y muertos. Creo en el Espíritu Santo, la santa Iglesia católica, la comunión de los santos, el perdón de los pecados, la resurrección de la carne y la vida eterna. Amén.

 ## To tell

Nos comprometemos durante la semana a comunicar a alguien de nuestro entorno, a través de un mensaje por alguna red social, la siguiente frase:

"¡Feliz de ser amigo de Cristo!"

17 Nacidos para una misión

 ## To ask

- Escuchamos juntos la Palabra de Dios.

Lectura del evangelio según san Mateo   Mt 5,16

Brille así vuestra luz ante los hombres, para que vean vuestras buenas obras y den gloria a vuestro Padre que está en los cielos.

Sé luz... escucha mi Palabra

- ¿De qué manera puedes ser testigo de Jesús para los demás? Escríbelo haciendo el contorno de la bombilla.

To stay

- Cantamos la canción **"Jesús es luz del mundo"**.

- Te dejamos la letra de esta preciosa canción para que cumplas el reto semanal.

Jesús es luz del mundo

Jesús es luz del mundo,
Jesús es claridad.
En él nace la vida,
por él viene la paz.

Jesús es luz del mundo,
Jesús es claridad.
Él vence las tinieblas,
su luz nos guía ya.

Jesús, estás presente en cada corazón,
das luz a nuestra vida con fuego de tu amor.
Jesús, te damos gracias por tu fidelidad,
tú vives en los hombres, tú eres la verdad.

Tú guías nuestros pasos, camino eres tú,
avivas nuestra llama, tu vida es nuestra luz.
En medio de los hombres nos mandas como luz.
Seremos tus testigos nacidos de la cruz.

To tell

Nos comprometemos durante la semana a encender nuestra vela en casa antes de dormir y hacer 5 minutos de oración recitando la letra del canto "Jesús es luz del mundo" y rezando el padrenuestro.

Nacidos de una madre... nuestra Madre

 To ask

- Completa este análisis con los datos y las diferentes cualidades que hayas reconocido en nuestra madre María.

HOSPITAL NAZARET

ANÁLISIS DE LABORATORIO

Paciente: _____

Fecha: _____   Nº de Historia: _____

CUALIDADES Y VIRTUDES

_____

_____

_____

_____

- Escuchamos juntos la Palabra de Dios.

Lectura del evangelio según san Lucas   Lc 1,38

María contestó:
–He aquí la esclava del Señor; hágase en mí según tu palabra.

Imítala... escucha mi Palabra

 ## To stay

● Cantamos la canción **"Quiero decir que sí"**.

DIOS TE SALVE, MARÍA	LLENA ERES DE GRACIA	EL SEÑOR ESTÁ CONTIGO	BENDITA TÚ ERES	ENTRE TODAS LA MUJERES	Y BENDITO ES EL FRUTO DE TU VIENTRE, JESÚS
SANTA MARÍA, MADRE DE DIOS	RUEGA POR NOSOTROS	PECADORES	AHORA	Y EN LA HORA DE NUESTRA MUERTE	AMÉN

 ## To tell

Nos comprometemos hasta el próximo día de reunión a rezar a María por las noches, antes de dormir, y a animar a nuestra familia para que recen con nosotros.

To ask

- ¿Serías capaz de identificar por las imágenes cada uno de los regalos que Dios te hace? Si es así, escribe su nombre debajo. ¡Puedes pedir ayuda si lo necesitas!

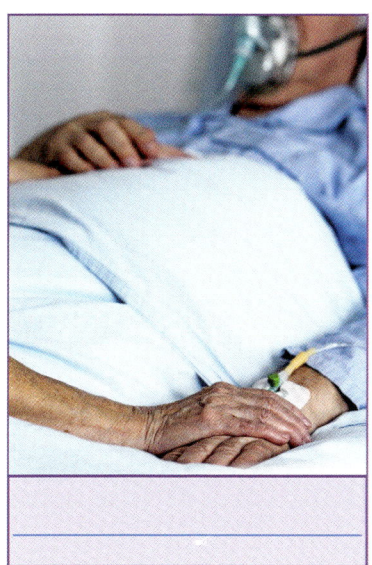

- Escuchamos juntos la Palabra de Dios.

Lectura del evangelio según san Mateo   Mt 26,26b.27b-28

"Tomad, comed: esto es mi cuerpo.
Bebed todos; porque esta es mi sangre de la alianza,
que es derramada por muchos para el perdón de los pecados".

Acepta mis regalos... escucha mi Palabra

To stay

- Cantamos la canción **"La fila"** de Hakuna Group Music.

Tierra a la vista

¡Regalos para mí!

To tell

Nos comprometemos como grupo Wasting a participar de la eucaristía dominical participando en algún momento de la celebración.

 ## To ask

• Leemos este cuento y reflexionamos sobre cada uno de los personajes.

Cuentan que, a media noche, hubo en la carpintería una extraña asamblea. Las herramientas se habían reunido para arreglar las diferencias que no las dejaban trabajar en paz.

El **martillo** pretendió ejercer la presidencia de la reunión pero, enseguida, la asamblea le notificó que tenía que renunciar:

–No puedes presidir, **martillo** –le dijo el portavoz de la asamblea–. Haces demasiado ruido y te pasas todo el tiempo golpeando.

El **martillo** aceptó su culpa, pero propuso:

–Si yo no presido, pido que también sea expulsado el **tornillo** puesto que siempre hay que darle muchas vueltas para que sirva para algo. El **tornillo** dijo que aceptaba su expulsión, pero puso una condición:

–Si yo me voy, expulsad también a la **lija** puesto que es muy áspera en su trato y siempre tiene fricciones en su trato con los demás.

La **lija** dijo que no se iría a no ser que fuera expulsado el **metro**. Afirmó:

–El **metro** se pasa siempre el tiempo midiendo a los demás según su propia medida como si fuera el único perfecto...

Estando la reunión en tan delicado momento, apareció inesperadamente el CARPINTERO que se puso su delantal e inició su trabajo. Utilizó el **martillo**, la **lija**, el **metro** y el **tornillo**. Trabajó la madera hasta acabar un mueble. Al finalizar su trabajo se fue.

Cuando la carpintería volvió a quedar a solas, la asamblea reanudó la deliberación. Fue entonces cuando el **serrucho**, que aún no había tomado la palabra, habló:

–Señores y señoras, ha quedado demostrado que tenemos defectos, pero el CARPINTERO trabaja con nuestras cualidades. Son ellas las que nos hacen muy valiosos. Así que propongo que no nos centremos tanto en nuestros puntos débiles y que nos concentremos en la utilidad de nuestros puntos fuertes.

La asamblea valoró entonces que el **martillo** era fuerte, el **tornillo** unía y daba fuerza, que la **lija** era especial para afinar y limar asperezas y observaron que el **metro** era preciso y exacto. Se sintieron un equipo capaz de producir muebles de calidad porque se sintieron orgullosos de sus fortalezas y de trabajar juntos.

J. C. Bermejo, *Regálame más cuentos con salud*

● Elije una herramienta que resuma tu comportamiento durante este curso y dibújala.

● ¿Te ha gustado tu experiencia pirata durante este curso? Escribe una pequeña reflexión.

Memoria de una travesía

 ## To stay

● Escuchamos juntos la Palabra de Dios.

Lectura del libro de los salmos   Sal 28,7

"El Señor es mi fuerza y mi escudo: en él confía mi corazón;
me socorrió, y mi corazón se alegra y le canta agradecido".

Agradece... escucha mi Palabra

● Escuchamos la canción **"Tan solo he venido"** de Juan Luis Guerra.

 ## To tell

Nos comprometemos a vivir como piratas Wasting durante todo el verano
para regresar con energía e ilusión el curso que viene a nuestra isla del tesoro.